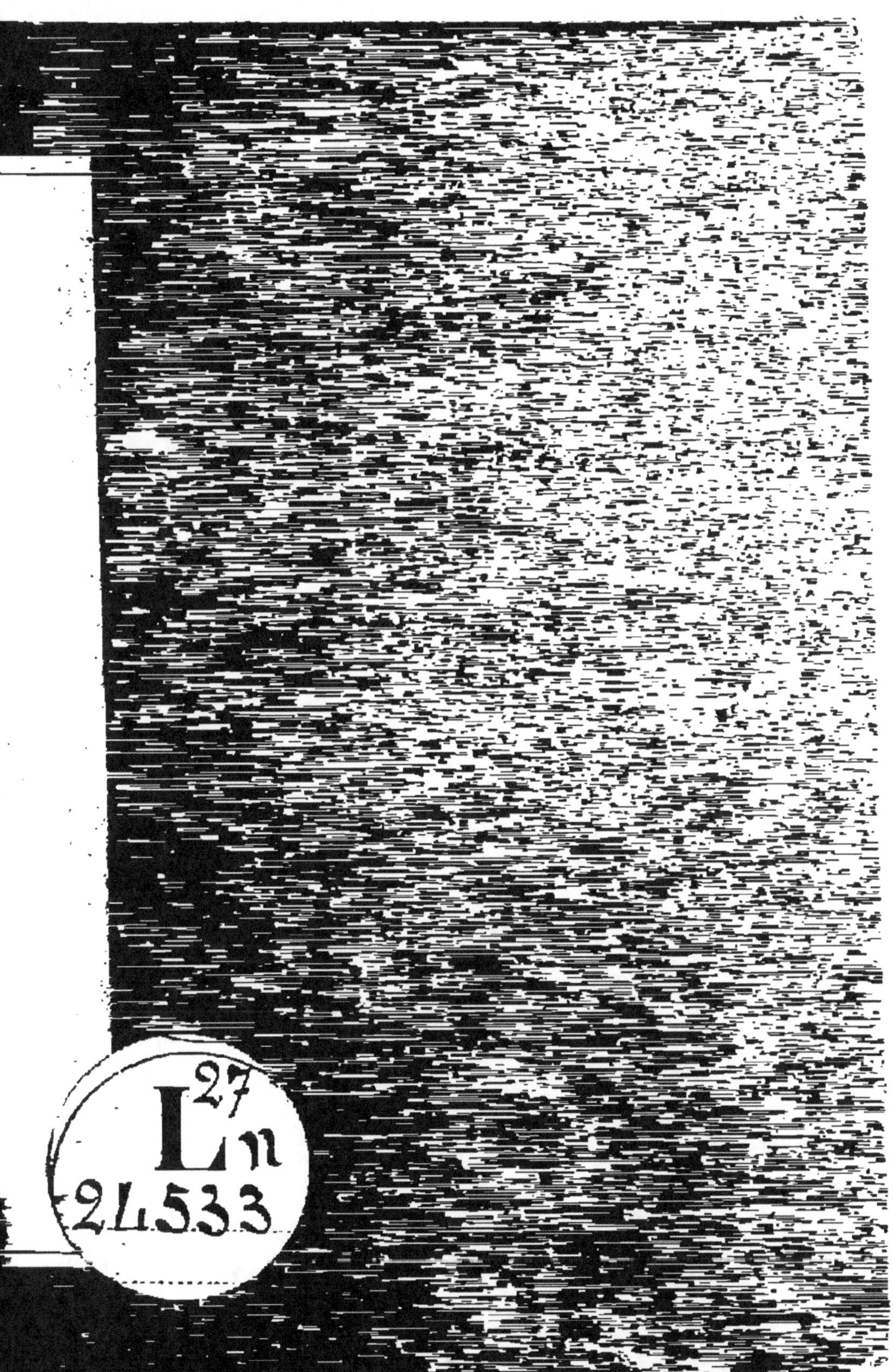

BIBLIOTHÈQUE

CHRÉTIENNE ET MORALE

APPROUVÉE

PAR MGR L'ÉVÊQUE DE LIMOGES.

Tout exemplaire qui ne sera pas
revêtu de notre griffe sera réputé
contrefait et poursuivi conformément
aux lois.

MAURICE

LE PELETIER.

LIMOGES

BARBOU FRÈRES, IMPRIMEURS-LIBRAIRES.

MAURICE LE PELETIER.

—

Maurice Le Peletier dont nous avons si souvent parlé, mais que nous n'avons presque fait connaître que par des traits de légèreté, fut, de tous les jeunes gens témoins de la sainte vie de Sousi, celui sur qui sa mort fit la plus heureuse et la plus durable impression. Semblable à une infinité de jeunes gens, Maurice, sans avoir de vices grossiers, et en ayant même horreur, avait néanmoins de grands défauts. Il vivait dans une dissipation d'esprit qui, à l'âge où il était déjà parvenu, car il avait dix-huit ans, ne pouvait qu'inspirer de justes craintes sur l'avenir. On peut dire que son enfance avait duré jusqu'à cette époque. Sa conduite contrastait en tout avec celle de son frère,

tous ses goûts étaient différents ;
et si la douceur et la patience de
Sousi n'eussent été à l'épreuve de
toutes les contradictions, Maurice
lui aurait donné des chagrins ha-
bituels. Il prenait plaisir tantôt
à l'interrompre dans ses exer-
cices de piété, tantôt à trou-
bler les pieux entretiens qu'il
avait avec ses amis. Il était exi-
geant auprès de lui, et se croyait
en droit, comme son aîné, de
le dépouiller de ce qu'il avait,
dès que sa fantaisie le lui conseil-
lait. Il lui commandait impérieu-
sement, et il voulait être obéi,
abusant ainsi de la facilité du

bon Sousi, toujours disposé à ex-
cuser ses caprices, et qui ne crai-
gnait rien tant que de laisser
à son frère la moindre occasion de commettre la plus petite
faute. Avec ses défauts, Maurice
avait une chose pour lui : c'est
que, sans avoir le courage d'imi-
ter son frère, et dans le temps
même qu'il exerçait le plus sa patience, il conservait un grand
fonds de respect pour sa piété. Il
le regardait comme un saint, et
ne disait jamais que du bien de
lui dans les occasions. Il l'aimait
beaucoup pour sa douceur et sa
complaisance; il paraît même

qu'il se plaisait dans sa compagnie, parce que le pieux jeune homme, en lui offrant l'exemple de sa régularité, ne prétendait pas lui en faire une loi.

Tel était Maurice Le Peletier lorsqu'il vit mourir son frère, ce frère plus jeune que lui, mais déjà consommé dans la vertu, parce qu'il avait porté le joug du Seigneur dès ses plus tendres années. Moins heureux, sans doute, que celui qui pratique la vertu, celui cependant qui l'aime dans ceux qui la pratiquent n'a souvent qu'un pas à faire pour devenir vertueux lui-même ; comme, au contraire, le plus sinistre de tous les préjugés contre un jeune homme, c'est lorsque son éloignement pour la vertu va jusqu'à lui rendre odieux ceux mêmes qui en font profession. La sainte vie de Souci avait disposé Maurice en faveur de la vertu ; sa mort précieuse lui inspira le courage de pratiquer ce qu'il aimait déjà. C'est à cette époque que tout à coup son esprit fut éclairé et son cœur changé. Il lui semblait voir partout la touchante image du vertueux Souci, qui l'invitait à marcher sur ses traces, et il n'eut de repos qu'après qu'il eut pris la ferme résolution de lui ressembler. Fidèle dès-lors à toute les impressions de la grâce, et devenu un homme tout nouveau, il semblait être son frère ressuscité. Ses parents, ses amis, tous ceux qui l'avait connu, ne le reconnaissaient plus; on le cherchait lui-même dans lui-même, et chacun, en le voyant, se demandait si c'était lui.

La première démarche que lui conseilla sa piété, déjà sage en naissant, ce fut de concerter les moyens d'échapper au monde, dont la figure avait déjà commencé à l'éblouir. Et le moment qu'il choisit pour renoncer au monde, c'est celui où le monde s'offre à lui dans la perspective la glus séduisante, et promet à son jeune âge, avec une ample moisson de plaisirs, tous les avantages de la fortune dont peut se flatter le fils d'un ministre en crédit. Maurice jusqu'alors ne s'était pas encore occupé du choix d'un état de vie : quelques jours de réflexions sérieuses lui suffirent pour se déterminer irrévocablement. Dans la douleur d'avoir négligé de donner, comme Sousi, les prémices de sa jeunesse au Seigneur, il résolut de lui consa-

crer toute sa vie dans l'état ecclésiastique. Une telle résolution
avait de quoi surprendre, elle
pouvait même paraître une suite
de la légèreté de son caractère à
ceux qui ignoraient ce qui se passait dans son cœur depuis la mort
de son frère; mais, comme elle
partait d'un grand principe de foi,
elle fut inébranlable, et la suite
fit voir qu'une âme généreuse n'a
pas toujours besoin de longues
délibérations pour se déterminer
à de grands sacrifices.

La première fois que Maurice
s'ouvrit à son confesseur sur la
disposition où il était, il en reçut

pour réponse qu'une démarche telle que celle du choix d'un état de vie ne pouvait être trop mûrement examinée, et qu'il devait, par-dessus tout, consulter Dieu dans ses prières et ses communions. Le conseil était sage, et Maurice le trouva facile à suivre. Son zèle ne redoutait aucune des épreuves auxquelles on voudrait soumettre sa pieuse résolution. Le père du jeune homme, imaginant d'abord que cette vocation soudaine de son fils n'était que l'effet d'un mouvement de ferveur déterminé par la circonstance, commença par lui opposer de sages délais.

Maurice était dans sa dix-neuvième année, et il était temps qu'il songeât à faire ses études ecclésiastiques dans un séminaire. C'était à Saint-Sulpice qu'il désirait les faire, dans cette maison que Sousi avait fréquentée avec tant de plaisir, mais pour laquelle il avait lui-même, en ce temps-là, un dégoût si marqué, qu'un jour qu'il s'y trouvait pour faire une visite à quelques jeunes gens de sa connaissance, il leur dit, en les plaignant d'être obligé d'habiter un séminaire : « Il faudra, mes amis, qu'on soit bien fin si jamais on m'attrape dans cette maison-ci. » Cependant, lorsque lui-même en sollicitait l'entrée, la Providence sembla vouloir a lui fermer. Comme, depuis la mort de son frère, il voulait en tout point marcher sur ses traces, il s'était livré avec ardeur à tous ses devoirs, et ce passage subit de la dissipation aux réflexions sérieuses et au travail le plus opiniâtre lui avait altéré la santé, et si sensiblement que personne, dans la situation où il se trouvait, n'osait faire à son père la proposition de l'éloigner de lui. Mais son zèle persévérant triompha de cet obstacle comme des premiers,

et c'est lui-même qui nous appren-
dra de quelle manière. Voici ce
que je trouve dans un écrit secret
où ce vertueux ecclésiastique
avait consigné, avec l'exposé de
différentes grâces qu'il avait
reçues du ciel, les moyens qu'il
se proposait d'employer pour y
être fidèle, et en marquer à Dieu
sa reconnaissance.

« Entièrement changé après la
mort de mon frère Sousi, et devenu tout autre par la vertu de
ses prières, comme j'en suis persuadé, je ne cessais de désirer et
demander à tout le monde qu'on
me procurât l'entrée du séminai-

re, car je n'osais m'en ouvrir moi-même à mon père. Mais on trouvait dans le triste état de ma santé une raison pour combattre mes désirs par l'idée qu'on a de l'austérité de ces maisons. Cependant je m'enhardis un jour à en parler à mon père, et je le pris par ce que je savais être son faible, son extrême tendresse pour ses enfants. Je lui dis qu'il avait perdu un fils, et qu'il courait risque d'en perdre un second s'il ne m'accordait pas la grâce, après laquelle je soupirais, d'entrer au séminaire. Je me souviens encore, je n'oublierai jamais que son cœur s'attendrit, et quelques moments après il m'accorda la permission d'avoir une chambre à la petite communauté, et d'y aller de temps en temps passer quelques jours. Je reçus cette faveur avec beaucoup de joie. Mais, au bout de quelque temps, je regardais avec envie le grand séminaire, et je soupirais après le moment où je pourrais l'habiter. J'étais obligé, à cause de ma mauvaise santé, de prendre le lait d'ânesse, et c'était à onze heures et demie du soir qu'il le fallait prendre. Je m'avisai de demander à M. Tronson une chambre au grand séminaire

pour y coucher, avec la permission de mettre mon ânesse dans
l'écurie, parce qu'il n'y en avait
point dans la petite communauté.
Je me souviens que ce bon Père
me dit en riant, et avec son air
de bonté ordinaire : *Vous verrez
qu'il trouvera le moyen d'entrer
dans le séminaire par une ânesse;*
et il m'accorda ce que je lui de-
mandais. Quand j'eus cette chambre, je n'allai plus à la petite
communauté que pour les repas,
j'en prenais même ensuite assez
souvent au grand séminaire, et
ce mélange dura quelque temps,
jusqu'à ce qu'enfin je restasse en-

tièrement au grand séminaire. Mon séminaire fini, je trouvai encore le moyen d'aller demeurer à Issy, où M. Tronson faisait sa résidence. J'y ai passé quatre ans avec lui. C'est un temps que je n'oublierai jamais, et que je regarderai toujours comme le plus précieux de ma vie. C'est là où j'ai tâché de me former sous ce digne maître, en l'étudiant dans toutes ses actions. »

L'abbé Le Peletier désirait dès-lors de s'associer à la Congrégation de Saint-Sulpice, et il en cherchait les moyens ; et c'est encore lui-même qui raconte à quelle occasion il en avait formé la résolution, avant même sa première entrée au séminaire. « Un excès d'étude, dit-il, et plus encore la peine extraordinaire que j'avais de me trouver dans le monde depuis la mort de mon frère, me réduisit à un état désespérant pour ma santé. Il me survint en ce temps-là un flux de sang qui augmenta encore le danger où j'étais, et donna lieu de craindre pour ma vie. Je ne laissai pas, dans cet état, d'aller un jour au séminaire pour me confesser : c'était un samedi ; quand j'y fus arrivé, je rendis du sang en telle abondonce que j'en fus effrayé plus que je ne l'avais encore été. Étant entré dans la chapelle, je me sentis porté à invoquer le vénérable M. Olier pour obtenir de Dieu, par son intercession, le rétablissement de ma santé, et particulièrement la guérison de ce flux de sang. Je témoignai avec effusion de cœur à celui que j'invoquais le désir que j'avais dès-lors de passer ma vie dans la Congrégation qu'il avait établie, et je fis, non le vœu, mais le propos de m'y attacher si je recouvrais la santé. Depuis ce moment je ne rendis plus une seule goutte de sang. »

L'abbé Le Peletier raconte ensuite que, depuis son entrée dans le séminaire, sa santé s'affermit de jour en jour, et enfin se rétablit parfaitement. Il ajoute que ce qui le confirma surtout dans le dessein qu'il avait formé de s'agréger à la société de Saint-Sulpice, ce fut de voir régner parmi les membres qui la composaient la charité, la subordination, l'éloignement de tout esprit de parti, l'amour de l'obscurité, un zèle exclusif pour les devoirs de leur profession , et enfin un désintéressement parfait, dont il cite des traits vraiment dignes d'ad-

miration et, entre autres, que
malgré les avances qu'il faisait lui-
même, aucun ecclésiastique de la
Congrégation ne lui avait jamais
témoigné ni directement ni indi-
rectement le moindre désir de l'a-
voir pour confrère.

Cependant l'abbé Le Peletier,
quoique pourvu de l'abbaye de
Saint-Aubin d'Angers, continuait
toujours de demeurer à Saint-
Sulpice, ce qui faisait soupçon-
ner le dessein où il était de s'attacher à la Congrégation. Sur ces
entrefaites, l'abbé de Joui, son
frère, nommé à l'évêché d'Angers,
lui proposa de l'emmener avec lui,

en faisant valoir le double avantage qu'il trouverait à résider dans son abbaye, et à travailler auprès de lui au salut des âmes. L'abbé de Saint-Aubin, toujours uni de cœur à Saint-Sulpice, et sans perdre de vue son dessein, suivit son frère à Angers; ce qui fit grand plaisir à toute sa famille, plus flattée de la perspective d'un évêché pour lui que de la direction d'un séminaire.

Un des premiers soins du nouvel évêque d'Angers, arrivé dans son diocèse, fut de demander à la congrégation de Saint-Sulpice des sujets pour la conduite de son séminaire. Et l'abbé de Saint-Aubin, chargé de négocier cette affaire, l'eut bientôt conclue par le zèle qu'il y mit. Les bâtiments du séminaire d'Angers se trouvaient alors en mauvais état, et il fallait les rétablir. La difficulté était de loger les séminaristes : l'abbé de Saint-Aubin la leva en offrant de les recevoir dans son abbatiale. Ainsi, par une disposition particulière de la Providence, il se trouva, en demeurant chezlui, au milieu de la société à laquelle il avait voué son attachement. Ce fut alors qu'il commença à remplir toutes les fonctions de directeur de séminaire ; et celui d'Angers, qu'il habita longtemps, conserve encore un souvenir de reconnaissance pour les grands biens qu'il a reçus de lui dans tous les genres.

Ce fut là que le vertueux frère du vertueux Sousi s'affermit dans la résolution de ne jamais quitter les fonctions pénibles auxquelles il s'était dévoué, pas même pour accepter un évêché, si ou venait à le lui offrir, comme il avait assez lieu de s'y attendre, vu la faveur dont jouissait alors sa famille. Rien de plus édifiant que de l'entendre se rendre compte à lui-même, au tribunal de sa conscience, des motifs de sa résolution, et de la préférence qu'il doit donner à l'emploi de directeur de séminaire sur la dignité épiscopale.

« Je vois les évêques, dit-il, chargés d'un très-grand détail, dont ils ne peuvent ni ne doivent se décharger sur personne. Je les vois employer un temps infini à écouter des plaintes, des demandes de dispenses, et le récit de mille désordres; je les vois dans la nécessité d'être toujours en garde pour n'être pas trompés. Un évêque est encore obligé de per-

dre beaucoup de temps à recevoir des visites inutiles, et à en
rendre qui sont indispensables;
et il faut qu'au milieu de tout cela il fasse en sorte de contenter
tout le monde, de ne rebuter personne, d'être toujours égal, de ne
point laisser apercevoir ses peines
et ses dégoûts. Or, quelque aveu-
gle que je sois sur moi-même et
sur mes défauts, je me reconnais
absolument incapable de cette
discrétion et de ces efforts.

» On pourra convenir avec moi
qu'il ne faut pas chercher l'é-
piscopat, et l'on me permettra
de ne faire aucune démarche pour

me le procurer ; mais on ajoutera que, si la Providence me le présente, la volonté de Dieu est que je l'accepte. Comme s'il n'y avait pas des saints à qui l'épiscopat a été offert et qui l'ont refusé avec fermeté ! Peut-on les accuser de n'avoir pas suivi la volonté de Dieu ? Et les grands biens qu'ils ont faits dans la suite ne sont-ils pas, au contraire, une preuve incontestable qu'ils ont été conduits par sa main ?

» Quant à ce qui m'a porté à me consacrer au service du clergé, le voici : il m'a paru qu'il n'y avait pas dans l'église de Dieu de bien plus nécessaire et plus étendu que celui qui peut se faire par l'instruction des ecclésiastiques dans un séminaire. Un bon curé ne sanctifiera au plus que sa paroisse, ou, si l'on veut, quelques autres paroisses voisines ; un bon évêque ne sanctifiera que son diocèse ; un homme apostolique, un excellent missionnaire, procurera le salut dans plusieurs paroisses, dans un diocèse entier, dans une province même, et, si l'on veut, dans tout un royaume ; mais un bon et fidèle directeur de séminaire peut, sans sortir de sa maison, faire tout cela et beaucoup

plus encore. Combien de paroisses convertira-t-il par ces bons
curés, ces bons vicaires, ces bons
prêtres qu'il formera! combien de
diocèses, par ces grands vicaires,
ces évêques même qu'il aura ins-
truits que de provinces et de
royaumes, par ces missionnaires
qu'il aura élevés et préparés aux
saintes fonctions qu'ils exerceront!
Et tout cela est encore multiplié
par d'autres directeurs de sémi-
naires, qui ont à celui-ci l'obliga-
de leur vocation.

» Je me souviens que le bon
M. Polot, supérieur de Saint-Ni-
colas-du-Chardonnel, mon pre-

mier directeur, me disait que c'é-
taient ces considérations qui l'a-
vaient déterminé à quitter une
grosse cure, où il avait la consolation de faire du bien et il le disait avec des sentiments de joie
et de contentement qui donnaient
envie, je l'avoue, de suivre son
exemple.

» D'ailleurs le bien que l'on fait
dans un séminaire, quelque étendu qu'il soit, est caché: et à peine
sait-on dans le monde ce qui s'y
fait. Il y a plus : un prêtre tra-
vaillera dans un séminaire pendant plusieurs années sans recevoir un seul remerciment ; sou-

vent, au contraire, on le chargera de malédictions : or voilà ma joie et ma consolation.

Les personnes que consulta l'abbé de Saint-Aubin ne pouvaient manquer de le confirmer dans sa résolution. Elle était secrète encore, mais bien ferme, sans doute, pour n'avoir pas été ébranlée par l'assaut qu'on lui livra bientôt. Ce qu'avait prévu et craint le pieux ecclésiastique arriva; et le roi, persuadé que celui qui ne s'était pas laissé éblouir, dans sa jeunesse, par la perspective d'une place de secrétaire d'Etat, ferait un bon évêque, le nomma au siége de Poitiers. Le contrôleur-général, qui connaissait assez la modestie de son fils, et son éloignement pour les dignités ecclésiastiques, écrivit à l'évêque d'Angers pour l'engager à disposer son frère à accueillir cette nouvelle et à entrer dans les vues du roi, qui étaient aussi les siennes. Voici la réponse que l'évêque d'Angers fit à son père :

« Après avoir bien réfléchi sur la dernière lettre dont vous m'avez honoré, et en avoir amplement conféré avec M. Léger, j'ai cru qu'il valait mieux que je parlasse ouvertement à M. l'abbé de

Saint-Aubin, pour savoir ses dispositions et vous en rendre ensuite un fidèle compte. J'allai donc hier le trouver au séminaire où je passai avec lui, seul à seul dans son cabinet, une bonne partie de l'après-midi. Je lui déclarai vos intentions avec les ordres du roi. Il les reçut avec tout le respect qu'il devait, mais sans qu'il parût en lui aucune agitation ; il me dit nettement que jamais il n'accepterait un évêché ; que son parti était pris, qu'il n'était plus un enfant, et qu'à trente-cinq ans il devait savoir, ou jamais, ce que Dieu demandait de lui ; qu'il n'a-

vait pas attendu jusqu'ici à consulter le Seigneur dans ses prières, ses communions et au saint
sacrifice de la messe ; que, voyant
même votre confiance du côté de
Saint-Sulpice, il avait consulté
là-dessus d'autres personnes de
tous états qui, sur ses raisons, l'a-
vaient confirmé dans son éloignement pour l'épiscopat.

» Qu'au surplus il protestait n'a-
voir contracté aucun engagement,
mais qu'il voulait travailler dans
l'Eglise comme simple prêtre ;
que vous ne vous étiez pas oppo-
séà ce que mes sœurs suivissent
leur vocation en se faisant reli-

gieuses à dix-sept et dix-huit ans, et qu'il espérait que vous le laisseriez suivre la sienne à trente-cinq. Je combattis de mon mieux toutes ces raisons. Dans la crainte même qu'il ne fût effrayé du siége de Poitiers, et dans la seule vue de procurer le bien de l'Eglise en le faisant consentir à être évêque, j'allai jusqu'à lui dire que je me sacrifierais volontiers moi-même pour le bien de l'Eglise en cette occasion, et que sous le bon plaisir du roi, je lui abandonnerais Angers, quelque agrément que j'y aie pour le spirituel comme pour le temporel, et que j'irais à Poitiers en sa place ; que si, pour le faire évêque, je me soumettais à ce sacrifice, quelque cher qu'il me coulât, il convenait qu'il fît aussi quelque sacrifice de son côté, en se soumettant du moins à être évêque d'Angers ; qu'il lui serait aisé de faire son devoir dans son diocèse, qu'il connaissait et où il était connu. Tout cela fut inutile. Je dois vous assurer qu'à toutes mes instances je joignis des larmes très-abondantes et très-sincères, mais en vain. Il demeura toujours ferme et dans une tranquillité admirable, malgré mon agitation dont il fut assez témoin, et dont il me témoigna, mais de sang froid, toute la reconnaissance possible. Voilà le récit simple et fidèle de tout ce que j'ai fait pour l'exécution des ordres du roi, et pour vous donner, en cette occasion, comme je ferai en toute autre, des marques sincères de ma soumission. Sur cela vous pouvez mieux qu'aucun autre prendre votre parti pour tourner cette affaire, le plus qu'il se pourra, à la gloire de Dieu et au salut des âmes, et par-là même à votre satisfaction que vous soumettez toujours à ces deux grands principes. »

L'abbé de Saint-Aubin crai-
gnant, dans la circonstance, des
sollicitations plus impérieuses que
celles de son frère, ne négligea
rien pour les prévenir. « Vous
savez, sans doute, écrivait encore
l'évêque d'Angers à son père, toutes les mesures qu'a prises l'abbé
de Saint-Aubin pour se dispenser
d'accepter un évêché. Avant de
faire mettre à la poste la lettre
que j'eus l'honneur de vous adresser par le dernier ordinaire, j'en-
voyai encore M. Léger au séminaire pour voir s'il n'y aurait
point moyen de fléchir M. l'abbé, et de lui faire changer sa ré-

solution; il s'était caché , on ne put pas le trouver. J'allai le voir l'après-midi. et il me dit que, bien loin de changer d'avis, il avait écrit au roi, à madame de Maintenon, et à M. le cardinal de Noailles, que la seule chose qui l'affectait dans cette affaire, c'était de voir la peine qu'elle vous faisait; mais qu'à cela près, il était très-tranquille. En effet, on ne s'est aperçu de rien dans le séminaire, et il y travaille avec autant d'application et d'assiduité que s'il n'eût été question de rien... Je vous prie d'être persuadé que je n'ai rien épargné pour votre satisfaction. Votre peine, sur ce sujet, m'est toujours présente ; mais adorons les ordres de la Providence, qui sait mieux que nous ce qui nous convient. »

Le cardinal de Noailles, à qui l'abbé de Saint-Aubin avait cru devoir confier, comme à son pasteur, les raisons qui le portaient à refuser l'épiscopat, ne les jugea pas sans répliques, et lui répondit : « Je suis fort édifié, Monsieur, de la juste crainte que vous avez de l'épiscopat ; mais c'est par là même que vous êtes digne, et que tous ceux qui connaissent les règles vous y condamneront.

Vous avez sans doute consulté les gens de bien, qui vous ont inspiré le sentiment où vous êtes; mais quelle autorité ont-ils pour vous décider? qui leur a donné mission pour cela? leur avis doit-il être préféré à celui de tant d'autres gens qui ont le caractère pour juger en pareil cas, et qui, par l'état où Dieu les a mis, sont le canal par où il fait connaître sa volonté? Si vous disiez, Monsieur, que l'on propose un trop grand diocèse, plus difficile à conduire qu'un autre, et où la réputation de votre vertu, trop austère pour certaines gens, pourrait

faire un obstacle au bien, je serais volontiers pour vous, car i
serait aisé de vous mettre en lieu
où votre zèle aurait assez d'exer-
cice et moins de contradictions ;
mais de rejeter en général l'épiscopat, et de répondre que c'est la
volonté de Dieu, je ne puis en demeurer d'accord. Jamais l'Eglise
n'a eu plus besoin d'évêques édi-
fiants, zélés et capables de faire
honneur à un ministère si saint
et si important. Ainsi c'est manquer à ce que l'on doit que de ne
vouloir pas la servir quand on est
jugé digne de le faire par ceux
qui en sont présentement les ju-

ges naturels. C'est donc uniquement pour le bien de l'Eglise, à qui vous vous devez tout entier, que je combats votre sentiment. Je prie Dieu de vous faire connaître mieux sa volonté, et de tirer des vertus qu'il vous a données toute la gloire qui lui est due. »

Toujours inébranlable dans sa résolution, l'abbé de Saint-Aubin répondit au cardinal de Noailles : « Je n'ai pu dire autre chose, dans les circonstances où la Providence m'a mis, que ce que j'ai dit, et que je prends la liberté de répéter à votre Eminence, qu'en conscience je ne puis, quoi qu'on puisse faire, accepter un évêché. Il y va de mon salut, pour lequel, grâce au Seigneur, toutes choses au monde ne sont rien. Il me semble que ceux qui me font l'honneur de me croire digne de l'épiscopat ne peuvent plus me presser après cela sans se contredire eux-mêmes, en ne me voulant pas croire en une telle matière. Au reste ce n'est point une révélation que j'aie eue, je ne me crois pas digne de telles grâces... Je dois dire aussi, avec vérité, que mes sentiments ne m'ont jamais été suggérés ni inspirés par qui que ce soit; que j'ai consulté ailleurs qu'à Saint-Sulpice, et que ni M. Tronson ni aucun du séminaire ne m'ont jamais rien dit ni fait pour m'attirer dont je me sois aperçu. Depuis plus de quinze ans, je n'ai pas eu un seul doute, ni balancé pendant un demi-quart d'heure sur ce que je devais faire. Toutes les démarches aussi que j'ai faites en cette occasion, je les ai faites de moi-même, sur des mesures prises depuis longtemps, et sans consulter personne, me trouvant, par l'ordre de la divine Providence, sans conseil, et n'ayant recours qu'à mon crucifix, persuadé que, lors-

que Dieu nous ôte les secours naturels, il est obligé de nous conduire par lui-même, quand nous
le lui demandons de cœur et sans
aucun intérêt temporel. Dieu
m'a inspiré de m'adresser à Sa
Majesté, par l'entremise de madame de Maintenon, dont je con-
nais la piété et la charité.... Je
n'avais garde, Monseigneur, d'al-
léguer à Votre Eminence aucu-
nes raisons particulières par rap-
port à Poitiers : je n'ai jamais dé-
libéré entre un évêché et un autre ; ma résolution est la même à
l'égard de tous ; et toutes les raisons qu'on m'objecte me parais-

sent faites pour moi, et me con-
firment dans ma vocation. On me
dit, par exemple, que les sujets
sont rares; je ne me crois pas tel,
mais, s'ils sont rares, il est donc
bien important de travailler à en
former. Quand je serais un bon
évêque, je ne pourrais jamais donner qu'un bon évêque à l'Eglise; et,
avec la grâce de Dieu, je contribue-
rai peut-être, dans ma vocation, à
lui en donner plusieurs. Ma seule
peine en tout ceci, c'est le chagrin
que je puis causer à mon père;
mais je me console en pensant
que sa vertu est trop grande pour
qu'il puisse avoir quelque ressen-

timent contraire au christianis-
me. C'est à Votre Eminence,
Monseigneur, et j'ose l'en prier,
de ménager auprès d'un père très-
chrétien le pardon d'un fils qui
ne cherche que son salut, et qui
ne pourrait, pour quoi que ce
soit, changer de sentiments. »

L'évêque d'Angers, qui, de son
côté, avait écrit à madame de
Maintenon sur cette affaire, en
reçut la réponse suivante : « Je
vous supplie, Monsieur, de m'é-
crire sans façon, ou je prendrai
avec vous toutes sortes de cérémo-
nies. C'est assurément à moi à
vous respecter, et je le fais aussi

du fond de mon cœur. Le roi est très-édifié de la lettre de M. votre frère. Mais, monsieur, comment peut-il faire de bons choix si les saints refusent ? Et ne charge-t-on pas sa propre conscience et celle de Sa Majesté quand on l'a nécessité à placer de médiocres sujets ? Si les saints étaient en grand nombre, il serait beau, comme vous le dites, de voir de tels exemples d'humilité et de détachement, mais, étant rares, il s'ensuit qu'il faut faire de mauvais ou de médiocres évêques, quand ceux qui seraient bons ne veulent pas accepter. Je suis très persuadée que la charge est formidable ; cependant il faut qu'elle soit remplie, et on est né pour le travail. Dieu veuille inspirer tous ceux qui sont dans cette affaire ! M. votre frère m'a fait beaucoup d'honneur en s'adressant à moi, et je vous supplie d'être ma caution auprès de lui sur l'estime et la considération que j'ai pour sa personne, comme pour la vôtre, dont la vertu m'a toujours sensiblement touchée. »

Les raisons de madame de Maintenon ne parurent pas plus convaincantes à l'abbé de Saint-Aubin que celles du cardinal de

Noailles, et rien ne l'ébranla. Cependant cette disposition de son fils contrariait beaucoup l'affection un peu trop humaine de M. Le Peletier, et l'un de ses amis intimes, l'abbé de Saint-Jacques, fils du chancelier d'Aligre, lui exposait son sentiment à ce sujet dans cette lettre pleine de sagesse, et où sont énoncés les motifs les plus propres à modérer ces vœux ambitieux que forment quelquefois, sur l'élévation de leurs enfants, les parents d'ailleurs les plus religieux. « Il me semble, Monsieur, que votre expérience et vos méditations sont de bons conseillers pour vous déterminer sur le parti que vous avez à prendre dans l'affaire de M. votre fils de Saint-Aubin. Je vous dirai cependant, avec la liberté que vous paraissez me donner, qu'un père chrétien devant avoir pour objet principal le salut de ses enfants, vous n'avez rien à craindre quand vous voyez qu'ils ne cherchent que Dieu, et qu'ils marchent dans la voie la plus sûre pour leur salut. Vous devez même vous réjouir de les voir renoncer aux grandes dignités pour embrasser un état plus conforme aux anéantissements de Jésus-Christ, que nous devons toujours regarder comme le modèle de notre vie. Il ne faut donc point vous rendre si fort le maître de la vocation de vos enfants, mais laisser agir l'esprit de Dieu qui leur parle intérieurement, surtout lorsque vous voyez qu'ils marchent par la voie étroite, et que leur choix ne les porte qu'à s'humilier dans le service qu'ils veulent rendre au prochain ; à quoi M. votre fils semble être appelé de Dieu, par le zèle qu'il a toujours eu pour le salut des âmes, dans la communauté où vous craignez qu'il ne soit engagé, ou qu'on ne veuille l'engager. Que vous importe, dans le fond, par quelle voie il marche, pourvu que cette voie conduise à la bienheureuse éternité ? Abandonnez-vous à la Providence ; vous ne sauriez mieux marquer votre amour pour Dieu qu'en voulant ce qu'il veut... Tenez-vous en repos dans cette heureuse solitude, dont la Providence semble avoir couronné votre vieillesse ; et, après la retraite extérieure dont vous avez donné un si grand exemple, entrez dans une retraite intérieure qui vous rende indifférent pour tout ce qui vous arrivera de la part de Dieu ou du mon-

de : c'est l'unique moyen de donner à notre âme un repos et une
tranquillité qui nous fassent jouir,
par avance, de la béatitude éter-
nelle, qui doit être l'objet de tous
nos désirs. Je vous demande pardon, Monsieur, si j'ai donné la
liberté à ma plume de vous expli-
quer les affections d'un cœur qui
vous aime bien sincèrement, qui
n'a pas moins d'affection pour votre salut que pour le sien, et qui
offre tous les jours pour vous le
saint sacrifice de l'autel. »

L'abbé de Saint-Aubin, tran-
quille enfin après cette coura-
geuse résistance, se livra sans

réserve aux devoirs obscurs, mais bien précieux, sans doute, de l'état qu'il avait embrassé. Il eut l'avantage, qu'il s'était proposé dans sa vocation, d'offrir une multitude de bons ministres à l'Eglise, et, en renonçant à l'épiscopat pour lui-même, il forma plusieurs saints évêques. Elu supérieur-général de la congrégation de Saint-Sulpice, il honora cette place par les talents et les vertus les plus propres à assurer le succès de l'œuvre de Dieu, et sa mémoire est chère à l'Eglise de France.

C'est ainsi que Sousi, qu'un

jeune étudiant prépara, par sa vertu des vertus de tous les genres, et qu'il fut le principe d'une infinité debiens, qui d'âge en âge se perpétueront parmi nous.

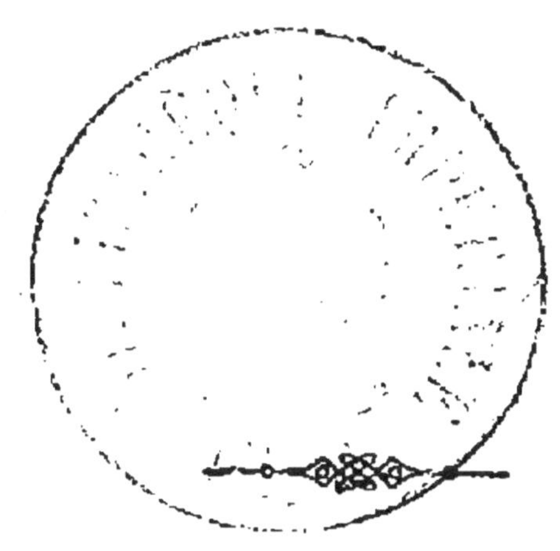

LIMOGES — IMPRIMERIE DE BARBOU FRERES.

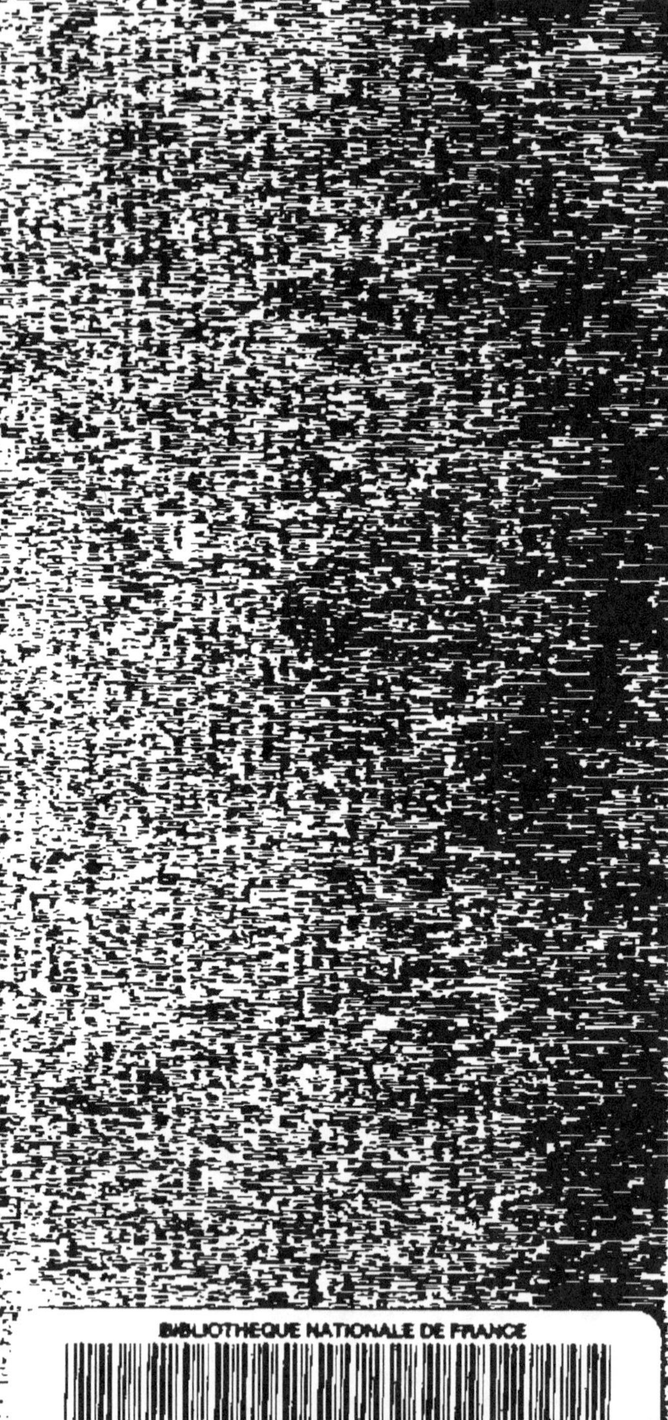